池のなかほどに、蓮《はす》の花がひとつ、咲き出しています。

真っ赤なトカゲが二匹、池の近くまでやってきました。

トカゲたちはたがいに目を合わせたあと、首をあげて、花をうっとりと見つめています。

SANNEN NO HOSHIURANAI
AQUARIUS
2024-2026

ISHIIYUKARI

3年の星占い 水瓶座 2024-2026

石井ゆかり

すみれ書房

はじめに

こんにちは、石井ゆかりです。

本書は2024年から2026年の3年間、水瓶座の人々が歩んでゆくかもしれない風景を、星占いを用いて描いた1冊です。

3年という時間は短いようで長く、奥行きも深く、ひとまとめにして描き出すのは容易ではありません。本書はシリーズ4作目となるのですが、どう書けば読者の心に生き生きとした「3年」が浮かび上がるだろう、と毎回悩みます。短い小説を書いてみたり、おとぎ話ふうに仕立ててたりと、これまでさまざまに試行錯誤してきました。

そこで今回たどり着いたのが「シンボル（象徴）」です。

世の中には「シンボル」がたくさんあります。「フクロウは『不苦労』で縁起がよい」「鳩は平和のシンボル」など、置物やお菓子のモチーフになったりします。

ニューヨークの「自由の女神像」のような大きなものから、襟元につける小さな「てんとう虫のブローチ（幸運を呼ぶ）」まで、人間は森羅万象、ありとあらゆるものに「意味」を見いだし、それを自由自在にあやつって、ゆたかな精神世界を編み上げてきました。

象徴など信じない、という科学的思考のはびこる現代社会にも、たとえば「国旗」「県の花」などがバッチリ制定されていますし、会社を設立すればたいていは、すぐにロゴとマークを制作し、名刺などに刷り込みます。これらも立派な象徴、シンボルです。現代を生きる私たちもまだまだ、シンボルを手放したわけではないのです。

実は「双子座」「蟹座」などという星座、さらに「木星」「土星」などの惑星も、私たちがそこに意味を見いだした象徴、シンボルそのものです。

「シンボル」には、いい意味も悪い意味もあります。たとえば「サル」は賢さを象徴する一方で、ズルさを表すこともあります。たいていのシンボルは両義的、つまり吉凶、善悪の両方が詰め込まれています。

「シンボル」に与えられた「意味」を調べるのは、辞書で単語の意味を引くのに似ていますが、その広がりは大きく異なります。シンボルはそれぞれがひとつの宇宙のようで、そのなかに実に豊饒な世界を内包しているからです。

さらに、シンボルは想像力、イマジネーションでできあがっているので、外界に対してかたく閉じているわけでもなければ、その世界のサイズが決まっているわけでもありません。どこまでも広がっていく世界、ときには外界から新風さえ吹きこむ世界が、シンボルの抱いているミクロコスモスなのです。

たとえば「双子座の人」「乙女座の人」と言ったとき、その人々のイメージをひと言で限定的に言い表すことは、とてもできません。同じ双子座の人でも、その個性はさまざまに異なります。でも、そこに何かしら、一本似通ったベースラインのようなものが感じられたとしたら、それこそが「双子座」というシンボルの「軸」の感触なのです。シンボルとはそんなふうに、広がりがあり、開かれてもいる「世界観」です。

多くの人が、好きな数字や花、なぜか自分と近しく感じられる場所などを、心のなかに大切にあたためて「特別あつかい」しています。あらゆる物事のなかから特別な何かを選び出し、自分とのふしぎな結びつきを読み取る心が「象徴」の原点にあるのだろうと、私は考えています。どれだけ科学技術が発達し、多くの人が自然科学にしか「エビデンス」を求めなくなっても、人の心が象徴を追いかける仕組みは、なかなか変わらないだろうと思います。

この3年間を生きるなかで、本書の軸となった「シンボル」が読者の方の心に、やさしい希望のイメージとしてよみがえることがあれば、とてもうれしいです。

3年の星占い―水瓶座―2024年-2026年◎目次

ブックデザイン
石松あや
（しまりすデザインセンター）

イラスト
中野真実

DTP
つむらともこ

校正
円水社

1

3年間の風景

3年間の風景

冒頭の風景は、水瓶座の2024年からの3年間を見渡して、私が選んだ「シンボル」です。「なぞなぞ」のようなもの、と言ってもいいかもしれません。

以下にキーワードをいくつか挙げながら、「なぞなぞのたねあかし」をしてみたいと思います。

・生活の場

――池、蓮の花

この「3年」のなかで、あなたは新たな居場所を作り上げます。

2018年ごろから、より自由に生きるための「暮らしの場」を手に入れるため、試行錯誤を重ねてきた人が多いはずです。

その試行錯誤が2026年4月、最終的な着地点に至ります。

あなたにとって、居場所とはなんでしょうか。

家庭や家族は、そのひとつです。

過去数年のなかで自分だけの住処《すみか》を得た人がいるでしょう。

パートナーを得て家庭を築きつつある人もいるでしょう。

都会でのひとり暮らしをやめて、故郷の家族に合流した人もいるでしょう。

「第二の故郷」や「終《つい》の棲家」に落ち着いた人もいるでしょう。

「居場所」は、ある地域や家屋といった、物理的な条件と、「ともに暮らす人々」とでできています。

ひとりで暮らしていても、「ご近所さん」はいるでしょう。

山のなかの一軒家でぽつんと暮らす人も、他人と完全に交流を断っている、というケースはごくわずかではないかと思います。

生活と、それを取り巻く人間関係、そうした関わりを包み込む場。

「居場所」は、ひとつのミクロコスモス、小さな世界です。

引っ越したばかりの新しい環境には、まだ人間関係が形成されていません。時間をかけて「ご近所さん」と知り合い、徐々にその場所に受け入れられていきます。

たとえ、都会の単身者用賃貸マンションであっても、管理人さんや隣近所の人となんとなく顔見知りになったりします。あるいはまったくおたがいに顔を覚えたりすることがなくとも、その場所のルールになじみ、周辺地域の土地勘ができあがるまでには、多少の時間がかかります。

ある場所に落ち着き、生活を積み重ね、根を張るまでの時間をすごしてはじめて、「居場所ができあがった」ということになります。

居場所は、一朝一夕には得られないのです。

特に2018年ごろから、あちこちを転々としてきた人も少なくないはずです。

というのも、過去5、6年の水瓶座の「居場所探し」は、星々を訪問しながら移住先を探す、宇宙旅行のような様相を呈していたからです。ちょっと暮らしてみて「やっぱり、ここではない」とか、友だちの家に転がり込んで居候するとか、仕事の都合で「一時的にここに暮らそう」等々、その時期その時期の事情でいろんな場所を経巡《へめぐ》ってきた人もいただろうと思うのです。

2024年は、そんなロング・ジャーニーが終わりを告げる時間となっています。やっと「ここだ！」という場所に出会えます。

あるいはまだいくつかのステップを経て、2026年春までに移動を完了する人もいるでしょう。

または「2024年に新しい場所に入り、2026年までにじっくり根を下ろす」人もいるかもしれません。

いずれにせよ、この「3年」のなかで、あなたは「帰るべき場所」「守るべき場所」

を得るのです。

私たちは人生のなかで、いろいろな場に生きます。

生まれ落ちた最初の段階ではもちろん、居場所を選べません。

大きくなってからはある程度、選択することもできますが、現実にはさまざまな事情の積み重なりのなかで、わずかな選択肢から消去法で「これしかない」とするような、そんな経緯で居場所を得ている人がほとんどなのではないでしょうか。

自分の求めるあらゆる条件がすべてそろっているのに、なぜか違和感が強くて「住んでいられない」場所があります。

その一方で、まったく条件が合わず、どちらかと言えば住みにくいのに、どうしてもその場所を離れる気になれない、という場所があります。

動植物は皆、自分に合った環境を選んで千差万別の場所に住み着きますが、人間もまた、個人個人の個性によって、「合う」住処が違っています。

ある人には天国のような場所が、別の人には地獄でしかないのです。

人との巡り合いと同様、居場所もまた、人為のおよばぬ縁や運に導かれるようにして「たどり着く」ものなのだと思います。

２０１８年ごろからあなたは、自分に合う「星」を探すような旅をしてきました。そしてこの「3年」で、やっとあなたの個性にぴったりの世界を見いだせるはずなのです。


池は、たくさんの生物の生きとし生ける場所です。

また、仏教の世界で、仏様はしばしば、蓮の花の上に座っています。

「うまれかわっても、ひとつ蓮（はちす）で」という言い方は、大切な人と浄土で再会したい、永遠にともにありたい、という思いを表したものです。

人間はたぶん「どこか」を目指して生きていますが、それがどんな場所なのかは、よくわかっていないのだと思います。

探して探して、その場所に立ってみてはじめて「なるほど、ここが自分の蓮だ」「ここが自分の池だ」とわかるのだと思います。

「その人」と出会い、ともに生きてみてはじめて、「なるほど、ここが自分の世界だ」と気づかされるのだと思います。

・ゆたかな生活の土台

――泥から咲き出す蓮

2023年ごろからお金やモノに関して、「理想と現実のギャップ」に悩んできたでしょうか。

この悩みは、現実の側からの地道な、ひたむきな努力によって、一つひとつ解消されていきます。

人は理想を描き、それに向かって努力します。

理想はあくまで美しく、努力の成果はなかなか、はっきりと表れません。

遅々として進まぬように見える歩みと、いくらがんばっても手が届かないように見える理想の隔たりに、「心が折れる」人も少なくありません。

また、自分と他人を比較して、そのギャップに傷つく人もいます。

特に、お金やモノ、経済力の「差」は、よく見えやすいものです。

昨今ではＳＮＳなどで、高価な物や優雅な暮らしを表現することも流行しています。

「キラキラ」の生活を送っているように見える人々と、自分の現状を見比べて、深い劣等感や嫉妬心を抱いている人もたくさんいる世の中です。

「お金を持っている人が強く優れていて、持たざる者は弱く劣っている」

この考え方は現代社会において、ほとんど無批判に受け入れられているようです。

理想と現実、自他のギャップに傷つき苦しむことは、本当に必要なことでしょうか。

自分の人生を真にゆたかにするための経済力とは、いったいどんなものなのでしょうか。

幸福のかたちが人それぞれであるように、経済活動のあり方もまた、人それぞれです。

その人の個性に合った稼ぎ方があり、使い方があります。

小食の人もいれば大食らいの人もいるように、たくさん稼いで使う人もいれば、そうでもない人もいるのです。

また、太りやすい人とどうしても太れない人がいるように、生活におけるお金やモノの「巡り方」もまた、人によって違っています。

さらに言えば、過食症や拒食症に陥る人がいるのに似て、人は自分の「必要な量」がわからなくなってしまうこともあります。

お金に取り憑かれている人、買い物に取り憑かれてしまう人がいますが、それがその人の真実というわけではなく、もっと別の心の渇望が、お金やモノのあつかい方に表れてしまっているだけなのです。

2023年から2026年頭にかけて、水瓶座の人々はこうした問題を、あくまで現実と向き合い、コツコツ努力する試みによって、解決していきます。

理想と現実のギャップを、みずからのがんばりによって、着実に縮められます。一段一段、階段を上るように、理想の高みに近づく人がいます。

過剰な理想を引き下ろすことで、現実の輝きを再発見する人もいるでしょう。

お金にまつわる疑心暗鬼から脱出する人もいるでしょう。

無用の不安、妄想に近い悩みを、現実と向き合うなかで払拭していく人もいるでしょう。

過大な経済的負担を解消するために関係者と交渉したり、人に頼りすぎていたことに気づいて自立を目指したりする人もいるはずです。

「蓮は泥より出でて泥に染まらず」と言われます。

現実的努力の「泥臭さ」のなかから、真にゆたかな物質的生活が生まれます。真にゆたかな物質的生活とは、精神的な満足感と不可分です。泥臭い努力のなかから、精神的充実という美しい花が咲き出します。

レンコンは「見通しが立つ」ので縁起がよいとされます。

２０２３年には不透明だった経済的な未来も、２０２６年には格段に見通しがよくなっているはずです。

さらに、蓮は水中の根によってどんどん増えます。２０２３年から２０２６年頭の時間は、たとえ水面に現れなくとも、すばらしい豊饒が叶ってゆく時間と言えます。

・生命力の輝き

――赤いトカゲ、サラマンダー

２０２４年から２０４３年の長きにわたり、あなたのもとに圧倒的な生命力を象徴する星がやってきます。冥王星です。

冥王星は「破壊と再生の星」と呼ばれます。

ゆえに「冥王星が巡ってきます」と言うと、その星座の人々の多くが「怖い」と反応します。

もちろん、冥王星がくると人生が破壊される、というわけではありません。実際、２００８年ごろから今に至るまで、冥王星は山羊座にいましたが、そのあいだに山羊座の人々が全滅したわけではありません。山羊座の人々が全員、破滅したわけでもありません。

ただ、もし身近な山羊座の人々に「２００８年ごろから今まで、何か人生が大きく変わるような出来事がありましたか？」と聞いてみたら、おもしろい答えが返ってくるだろうと思います。

それは、なんらかのパターンに当てはめることのできないような、個別性の強い、ドラマティックな出来事であるはずです。

さらに、その出来事を通して「人生や運命が変わった」「自分というキャラクターが一変した」「人生観が変わった」といった感想を語ってくれるはずなのです。

たとえば、打ち出の小槌《こづち》や『指輪物語』の指輪、魔法の杖など、圧倒的に大きな力を持つ道具を手に入れたら、あなたはどう使うでしょうか。

だれもが「たくさんのお金が欲しい」「圧倒的な魅力が欲しい」「すばらしい知力が欲しい」「強い権力が欲しい」などと望みます。

でも、圧倒的に大きな権力、支配力、財力などを手にした人は、かならず幸福になるか、というと、決してそうではありません。

巨万の富を得た人や絶世の美女たちが、孤独のうちに悲劇的な人生を送った、というエピソードは、枚挙にいとまがありません。

犯罪者としてニュースに映った人を見て、多くの人が「こんなに容姿の優れた人が、なぜこんな犯罪を？」といぶかしむこともあります。

権力者は幸福か、魅力的な人は幸福か、賢い人は幸福か、というと、決してそうではありません。

むしろ、大きな力を使いこなすどころか力に飲み込まれて、つらい経験をした人のほうがマジョリティではないでしょうか。


大きな力は、人を試します。

人を振り回し、ときに飲み込みます。

飲み込まれたまま出てこられなくなる人もいますが、その一方で、新たな「生きる力」を得て立ち上がる人がたくさんいます。

大きな力を得て試練の道に入っても、その道から脱出して、より純粋な生き方を選択し、幸福になる人々がいるのです。

これがつまり、「生まれ変わる体験」です。

２０２４年から２０４３年にかけてあなたは「生まれ変わる体験」をします。

大きな力を持っても、最初から苦難の道に入らず、「正解の生き方」を選ぶ、ということができそうな気がします。

巨万の富を持ってもそれに振り回されず、清貧と道徳の生活を選ぶ、という人もきっと、いるだろうと思います。

欲望や衝動をすべて封じ込み、心を一切動かさず、何を賭けることもなく、すべての脱線、挑戦、失敗と傷つきを回避して「正しく安全に生きる」こともきっと、可能です。

魔法の杖や打ち出の小槌を得たとして、それを「一度も使わない」生き方も、あり得ます。

ただ、「使わない」という選択をすることも、一種の賭けの要素を含んでいます。力を使わない人は、力を使わないという方向に、自分の生き方や人生を賭けているのです。その賭けに勝利できるかどうかは、やはり、だれにもわかりません。

冒頭の「赤いトカゲ」は、サラマンダーです。サラマンダーは火のなかで生きることのできる精霊で、伝説の生き物です。

小さな火の龍は、炎に包まれても決して、焼き尽くされることがありません。

みずから火のエレメントを有し、火と同じ存在として火を生き、火に打ち勝ちます。

火は古来、清らかで聖なるものとされています。

幾多の宗教儀式で、火が用いられます。

火は星占いの世界で、情熱、欲望、闘志、直観、正義、怒り、能動性などを象徴します。

信仰心や忠誠心も、火で表現されることがあります。

2024年から冥王星という火を生きる水瓶座の人々は、まるでサラマンダーのようです。

また、トカゲは古来、再生のシンボルです。

尻尾が切れても再生すること、何度も脱皮を繰り返すことから、強い生命力と「復活」を象徴するのです。

2024年から2043年のあなたもまた、何度も脱皮と再生を繰り返し、より純粋で深い魂を育ててゆくことになるのだと思います。

失った大切なものを取り戻し、なくしたものをよみがえらせる人もいるはずです。

・愛とパートナーシップの時間

――２匹のトカゲ

この「3年」は、愛の時間です。
恋に落ちるかもしれません。
２０２７年くらいまでのなかで、パートナーを得る人も多いはずです。
特に２０２４年5月末から２０２５年6月上旬、愛の大波がやってきます。

そしてさらに2025年7月以降、よりスケールの大きな愛のドラマが進展します。ここから2033年まで、「愛の大革命」の時間を生きることになるのです。

前述のとおり、あなたのなかにはこの時期、熱い衝動が燃えています。欲望、エモーション、何かに強烈に魅入られるような気持ち、自分のなかから新しい自分が生まれ出すような激しい力が燃え立っています。

そんなあなたが「愛の時間」に入ると、いったい何が起こるでしょうか。

おそらく、かつて感じたことのないような激しい愛情、だれかとの強烈な結びつきの感覚に襲われるはずです。

だれかへの愛情によって、ゼロから1が生じ、不可能が可能になります。

だれかと愛し合ったり、長く一対一でつきあったりすると、その関わりを通して人はかならず変化します。

愛情が深いほど、変化の度合いも深くなります。口調が似てきたり、表情が似てきたりします。

生き方や価値観が重なり合い、考え方が共鳴して、自分ひとりだったときには見えなかった世界を生きることになります。

2025年以降のあなたの愛の体験は、そのような変化の振り幅が非常に大きくなるようです。これ以降の水瓶座の人の多くが、恋をして「人が変わる」経験、パートナーを得て「世界が変わる」経験をするはずなのです。

もともと「自分は自分」という意識が強く、個性が際立っていて、自分で考える力を大切にしている水瓶座の人々ですが、ひとたびだれかの影響を受けるとなると、非常に素直に、ストレートに「染まる」傾向があります。

「この人は信頼できる」「この人のようになりたい」「この人をロールモデルとしよう」と考えると、相手のありようがそのままど一んと自分のなかに入ってくるのです。「自分」というフィルターを一時的にはずしてしまい、すべて受け入れることができてしまう人もいます。

このような大変化はしかし、永続的ではないケースのほうが多いようです。一時的な「イニシエーション」のように、人生のある時期にそのような大影響を受ける時間を通過してゆくだけなのです。

あとでその時期のことを振り返ったとき「あのときは完全に、あの人に飲み込まれていたなあ」「あの人になろうとしていたなあ」などと冷静に振り返れるようになります。

「その人」の世界観を身をもって体験し、洗礼を受けるように通り抜けていった先で、もともとの自分と、他者との経験との統合が起こります。

前述のとおり、この時期の水瓶座の人々は「サラマンダー」です。いつになく熱い欲望や情熱、感激が、あなたのなかに燃えています。

ゆえに、すべての愛の体験が、これまで経験したことのあるスケールをはるかに超えてゆきます。

冷静さを失い、客観性を投げ捨て、「いつもの自分」がどこかへ消え失せてしまったような状態になるかもしれません。

それでも、サラマンダーが火に焼き尽くされることがないように、あなたはそうした炎の時間を抜けて、新たな生命力を手に入れます。

もう1匹のサラマンダーとの邂逅が、あなたをよりあなたらしいあなたへと生まれ変わらせる契機となります。

・創造性の開花

――蓮の種は傷ついて発芽する

２０２４年なかばから２０３３年にかけて、あなたの創造性が新しい芽を出し、開花し、実を結びます。

夢中になれること、ずっと続けられるライフワークに出会う人もいるでしょう。個性を生かす場に恵まれ、大活躍し始める人もいるでしょう。才能を見いだされ、大ブレイクを果たす人もいるでしょう。

生活の新しい喜び、生きがいを見いだし、人生に新たな意義を感じる人もいるでしょう。

他人や常識、だれかの出した答えにしたがうのではなく、自分自身のアイデアで道を選択できるようになります。

自己を表現すること、意見を主張することが容易になります。

創造性とは「正解のないところで、自分なりの答えを生み出すこと」です。

クリエイティブな活動と言えば、アートや音楽などをイメージする人が少なくないだろうと思います。たしかにそれらは、とても創造的です。

ですが、創造性は創作や表現の場だけのものではありません。

たとえばイジメにあって深く傷ついている我が子に「なんと声をかけるか」を考えるような場面でこそ、人間は真に創造性を問われます。

どこかに正解があるわけではなく、自分の経験や人間性、それまでの人生のすべてを賭けるようにして考えなければ、答えが出せないからです。
そして、そのように必死に出した答えも、大切な子どもの心に届くとはかぎらないのです。

ある人が「これまで、『自分』がなかったと気づいた」と語っていました。親の言うとおりに生きてきたり、周囲の人々の真似をしていれば大丈夫と思い込んでいたりした人が、なんらかの出来事をきっかけに「これまで、自分は自分の頭で考えたことがなかった！」と気づく、といった変化があります。この時期は、そうした変化も起こりやすいはずです。

昨今「宗教二世」という言葉が話題になっています。親の信仰している宗教を、幼いころから当たり前のようにすり込まれ、その外側の世界がよくわからないまま、さまざまな不利益を受けて育つ、といったことが問題視されています。

また、経済的に恵まれ、高学歴の人々にかこまれて育った人々と、恵まれない環境で育った人々とでは、見えている「社会」がまったく違い、話がかみあわないことがあります。

「世界の果てへ旅します」とアフリカに出かけた人がいますが、アフリカに住む人々にとっては、アフリカは世界の果てではなく、「中心」です。

だれもが「自分」という実感を持ち、自分の頭で考えて生きているつもりでも、実際には「これが常識・当たり前」と感じている世界観はとても狭く、大きな偏りがあるのが現実です。

「自分の考え」の大部分は、「自分が所属する小さな文化圏において支配的な考え」であり、自分自身のものではありません。真に創造的なものは、ほんのわずかなのです。

2024年なかば以降、あなたはそうした創造性の世界に入ってゆくことになります。

これまで自分をうっすらとくるんでいた均質的な世界から抜け出し、ひとりの個人としての自分を再発見できるでしょう。

そこで、自分の内なるものをどんどん外界に打ち出し、評価を受け、受け入れられるなかで、自分がどんな存在なのかを知らされるでしょう。

蓮の種は非常に固い殻に守られています。

この殻に偶然傷がつき、水が内側に入り込むことによって、蓮の種は発芽します。

江戸時代後期の地層から発見された蓮の種が、現代に開花した、というニュースが話題になったことがありましたが、蓮の種はそれほどしっかり中身を守っているのです。

2024年なかば以降の水瓶座の人々の才能、個性、創造性もまた、そのようなプロセスで発芽するのかもしれません。

あなたの固く守られた心になんらかの衝撃が走り、亀裂が入って水が入り込んで、そこから才能が発芽するのです。

衝撃は感動、入り込む水はエモーションや愛なのかもしれません。

あるいはカルチャーショックのようなこと、またはだれかがカツを入れてくれるとか、激励してくれるようなシチュエーションなのかもしれません。

そこから、新鮮な喜びが生まれ、育ってゆくはずです。

・新しいコミュニケーション

——蓮を見つめるトカゲたち

2025年から、新しい学びと対話の時間に入ります。

たとえば、ドラマや映画などがきっかけである国に興味を持ち、調べてゆくうちにその国に住みたくなって、言語を身につけ、文化を学び、数年後に移住を果たす、といった経験をする人もいるかもしれません。

また、外国から来た人と恋に落ち、その人の国で暮らすために学び始める、という人もいるかもしれません。

自分に合う！と思える仕事に出会ったけれど、その仕事をするためにはゼロから学ばなければならないこと、取得しなければならない資格がたくさんあったので、コツコツ勉強を始める、という人もいるかもしれません。

若いころに経済的な事情であきらめた大学への進学を、年齢を重ねてお金を貯めた今、満を持して果たす、という人もいるかもしれません。

大人になってからの「学び」は、さまざまなきっかけでスタートします。

ふとした出会いがきっかけで学び始める人もいれば、現状への危機感から学ぶ人、任務を果たすための手段を得るために学ぶ人もいます。

知的好奇心から学ぶ人もいれば、劣等感から学び始める人もいます。また、優越感を維持するためだけに精力的に学ぶ人もいます。

この時期のあなたの学びがどんなきっかけで始まるか、それは人それぞれだと思いますが、なんらかの理想を描き、その理想を現実のものとするために学ぶ、という流れになるようです。

あこがれや愛、「こうなったらいいな」というヴィジョンがあって、それを目指して一段一段、階段を登り始めるあなたがいるはずなのです。

また、コミュニケーションスタイルをここから、少しずつ変えていく人も多そうです。

マシンガントークでみんなを楽しませていた人が、突如「人の話を聴く」ことに興味を持ち始めるかもしれません。

どちらかと言えば話し下手で無口だった人が、自分から話すことを試み始めるかもしれません。

話し好きなのにふと「自分の話は、内容が薄い」「もっと語るべきことが欲しい」と感じ、勉強を始める人もいるかもしれません。

自分の話し方が子どもっぽい、と気づき、大人としてのコミュニケーションスタイルを模索し始める人もいるかもしれません。

高圧的な話し方をやめようとする人、人の話をさえぎるクセ、知ったかぶりや話を「盛る」クセなどをなおそうとする人もいるでしょう。

「なくて七癖」と言われますが、コミュニケーションにおいてはだれもが何かしらのクセを持っています。そのクセのなかで「これは、やめよう」と思えるものが見えてくるのです。

こうした「コミュニケーションスタイルを変えよう」という試みは、なんらかの問題意識から生じます。

もっと円滑に対話がしたい、人とわかり合いたい、もっとたくさんの人と話したい。なぜ自分は相手に受け入れられないのだろう、話を途切れさせないためにはどうしたらいいのだろう、どうすれば相手が心を開き、信頼してくれるのだろう。たとえばそんな思いが、あなたの話し方や話の内容を変えさせていくのです。

2匹のトカゲは、池に咲く蓮の花を見つめています。

蓮の花は古来、高い精神性を象徴します。

2025年以降のあなたもまた、自分と似た情熱を持つだれかと、優れたもの、気高いもの、美しいもののことを語り合おうとするのだと思います。

真に大切な相手と特別な対話をするために、必要なことを学び、言葉を身につけてゆくのだろうと思います。

2

1年ごとのメモ

2024年

この「3年」をざっくりとキーワードで表すと、以下のようになります。

2024年：生活の基盤を作る
2025年：外に出る手段を見つける
2026年：出会いの年、発見の年

2024年はどちらかと言えば「内側」を作る時間です。周囲と融け合い、たしかなものを固める時間です。

2025年はそこまでに「固めた世界」から、試行錯誤して外に出ようとする時間となります。出かけてゆくための知識を学んだり、手立てを見つけたりする段階です。

2026年は晴れて外の世界に飛び出して、新しいものをバリバリ発見していく、開かれた時間となっています。

・生活の基盤を作る

2023年からの経済活動や住環境など、生活の基盤作りが進む年です。生きていくために必要なものを、自力で手に入れていけます。

もちろん、経済基盤や住処などは、一朝一夕に手に入るものではありません。コツコツ時間をかけて築き、最終的に完成したあとも、それらを守り育てる活動は続きます。

ここでの「生活の基盤作り」が本格的に始まったのは２０２３年で、完成を見るのは２０２６年前半です。このプロセスのもっとも濃い、「正念場」のような時間が、２０２４年に置かれています。２０２３年中にある程度方向性が定まり、２０２４年に一気に建設を進め、２０２５年にはあらかたかたちができあがって、２０２６年前半に完了、というイメージです。


新しい収入の途を模索し、見つけ出す人がいるでしょう。

コツコツ節約し、なんらかの資金を貯めてゆく人もいるでしょう。

「手に職をつける」人もいるでしょう。

独立して住環境を作る人、新たな家族を得る人、家庭を「再構築」する人もいるでしょう。

はじめて住む土地で知り合いを増やし、行きつけの場所を増やしながら、「住む世界」を広げていく人もいるでしょう。

転職した先で人間関係を作り、社会的居場所を作り、仕事のルートを広げていく人もいるでしょう。

こうした試みを通して、生活がどっしりと安定します。

住環境や経済的な基盤の確立には「繰り返す」ことが不可欠です。

同じ道を何度も通ること、仕事のサイクルを繰り返すこと、毎月同じ額を貯め続けることなど、同じアクションをサイクリックに継続していくことで、ひとつの世界が生まれます。

飽きたからとか、すぐに効果が出ないからといって、短期間でアクションを止めてしまうと、何も残りません。

ゆえにこの時期のあなたはしつこく、粘り強く行動を「積み重ねる」ことになります。

ただ、新しく始めたことがあまりにもつらかったり、想定と違っていたりした場合は、「やめようか、どうしようか」と思案することになるでしょう。

新しい職場が自分に合わないような気がしたり、「これを続けていって、意味があるのかな？」と思えたりするかもしれません。

引っ越したばかりの場所に違和感を抱いたり、新しく家族になった相手とケンカを繰り返したりする人もいるかもしれません。

「これは、やめたほうがいいのかな？　それとも、辛抱して続けるべきなのか？」。

甘えや逃げなのか、それとも、正当な選択なのか。

ガマンして続けていけば、状況が好転するのか。

この問いには、なかなか正解が見つけにくいのです。

でも、いくつかの基準を持つことはできると思います。

ひとつは、２０１２年ごろからのあなたの方向性に照らしてみることです。

たとえば、自由な開放的生活を目指してきたのに、新しい環境で閉塞感に苛《さいな》まれているなら、その選択はあなたの目指したルートからはずれている可能性があります。

もうひとつは、「サンクコスト」が判断基準になっていないか、ということです。「これまでにかけたコストが無駄になってしまうから、続けるしかない」というふうに、損切りができないというだけの理由でとどまり続けているなら、そこに希望はないかもしれません。

「今はつらいけれど、もう少しがんばってみよう」「今は違和感があるけれど、もうちょっと慣れたら、また違う気持ちになれるかも」と思える理由がポジティブなものならば、耐えてみる価値はあります。

そうではなく、「今までの投資が無駄になるから」「人聞きが悪いから」など、あくまで外部の条件ばかりを気にして違和感を放置するなら、それは無用の「ガマン」である可能性があります。

・前半、居場所を成立させる

２０１８年ごろから新たな居場所を探して試行錯誤を続けてきた人は、２０２３年後半から２０２４年5月末までのなかで「ここだ！」と思える場所を作り上げることができるでしょう。

あるいはこの間にその場所を探し当て、２０２６年春までのなかで完成させるのかもしれません。

物件を見つけてそこに安定的な居住空間を作るまでのプロセスを踏む人、家族となる相手に出会ってふたりの関係を構築するプロセスをたどる人もいるでしょう。

居場所、生活環境は、ひとつの世界です。

その世界の物理的な広さやそこに住む人数は、人によって大きく異なります。

自分に合った場の広さ、密度、関わる人々を見つけるまでの紆余曲折が、2018年ごろからの模索の道だったのかもしれません。

家や家族というものは、一般に、そんなに何度も「お試し」ができません。特に幼いころはその家族、その家が「自分に合っているのかどうか」など、たしかめようもありません。ただ与えられた環境に身を置くしかないのです。

大人になるにしたがって、だんだんと生まれ育った環境に違和感を抱いたり、新しい環境に触れて「こちらのほうが合っている」と感じたりできるようになります。ですが、どんなに「試してみたい」と思ったとしても、たくさんの住環境をどんどん試したり、いろいろな人といっしょに暮らしてみたりすることは、経済的にも、そのほかの条件においても、それほど簡単なことではありません。どんな住環境、どんなライフスタイル、どんな家族が「自分に合っている」のかは、それほど自由に模索できないのです。

それでも、2018年からのあなたはおそらく、「自分に合う住処・家庭とは、どんなものなのか」を懸命に探し求めてきたのではないでしょうか。

可能なかぎりいろいろな選択肢を見つけ出し、行動し、「ここかな?」「やっぱり違った!」といった試行錯誤を、自分自身の責任で重ねてきたあなたがいるはずなのです。

その着地点が、2023年後半から2026年春の時間帯です。

特に2024年前半のあなたは「なるほど、こういう環境、こういう人々の輪に身を置くと、のびのびと幸福に暮らせるのか!」という納得の条件を見いだせるはずです。

たとえば、植物にはさまざまな植生があります。

乾いた土地を好む植物もあれば、多湿な環境を好む植物もあります。日差しに弱いものもあれば、風を嫌うものもあります。

人間もまた、「好む環境」は人それぞれです。にぎやかな都会で安心する人、静かな田舎で安心する人、広い家が好きな人、狭いところでホッとする人、本当にさまざまです。

2018年からあなたが探してきたのは、自分に合った場所と人です。生活を包み、満たしてくれる自分自身の幸福の条件を探してきて、2024年の前半に、かなりたくさんの条件が見つかるはずです。

・後半、愛と創造の時間へ

5月末から2025年6月上旬にかけて、「愛と創造の時間」に入ります。文字どおり、大恋愛をする人もいれば、何かすばらしいものを創造する人もいるでしょう。

この時期の「愛」は非常に広義です。子どもを授かる人もいれば、ペットを家族に迎える人もいるはずです。純粋な愛を注げる対象に出会えるときなのです。

趣味に没頭する人、何か素敵なものを作り出す人、自己表現や自己主張の活動に取り組む人もいるでしょう。内なるアイデア、才能が外界にどんどん花開き、喜びがふくらみます。

「客観」を大切にする水瓶座の人々ですが、創造性の世界では主観が非常に重要です。真に創造的なものは、「客観的に評価する」ようなことが不可能なのです。

おもしろさや美しさに絶対的な基準や正解はありません。

もちろん、その世界の専門家の目にははっきりわかる優劣というものは存在します。でも、創造的な活動の本質的な価値というものは、究極には、正誤も優劣もありません。

たとえば、3歳の子どもが一生懸命、祖父母の似顔絵を描いたとき、そのすばらしさは描き手とモデルにとって、何物にも代えがたい価値を持つはずです。

一方「優れているけれども好きになれない作品」というものがあります。それが何億円で落札される絵画であっても、自分の心がその絵に魅力を感じないなら、それは「自分にとって」は価値がないのです。

創造性と愛は、そんなふうに、「価値」において隣接しています。

愛するものには、すべてかけがえのない価値があります。

その「かけがえのない価値」には、なんらかのかたちで創造性が関係しているのです。

そして愛は、客観的なものではありません。

2024年後半から2025年前半のテーマは、ゆえに、水瓶座の人々にとっては、ある意味「苦手分野」です。

水瓶座の人々は「この件は、宇宙人の目にはどう見えるだろう？」と考えることは得意なのですが、「この件を、自分はどう感じるだろう？」と考えることは苦手だからです。

これは、水瓶座の人が「自分の意見を持っていない」ということではありません。そうではなく、水瓶座の人々の「意見の立て方」「考えの立て方」が、自分ではなく「外の世界」の側を軸としているからなのです。

世の中にとって、世界にとって、たくさんの人々にとって「何が正しいのか」と考える水瓶座の人々は、「自分はどれが好きか」「自分はどうしたいのか」「自分は何に価値を置くか」などと考えることに抵抗を感じる場合があるのです。

自分の内側から、自分サイドから問いを立て、答えを創造すること。

それが、2024年後半から2025年前半の、水瓶座の「愛と創造」のテーマです。

・生活改善、就労条件の変更

2024年9月から2025年4月なかばにかけて、ライフスタイルを大きく変えていく人が多そうです。

特にこの時期の「変更」は、勇気がいること、強い意志がいること、闘って条件を勝ち取る試み、ハードルを超えるような挑戦を含んでいます。

たとえば、非合理なルールや理不尽な条件に耐え続けてきた人が、このタイミングでその状況を変えるため、ドラスチックな行動を起こすのかもしれません。関係者に調整をお願いしたり、現状を訴えたり、転職活動を始めたりする人もいるでしょう。「もう黙っていないぞ」という強い思いで行動できるときです。

さらに「悪習をやめる」人もいそうです。喫煙や過度の飲酒などの悪習慣を改める人もいるでしょう。

あれこれがんばろうと思っているのについだらけてしまうクセを改めるとか、体質改善のための具体的な努力に取り組むなど、情熱をもってより健康的な生活を創ってゆく人が多そうです。

こうした「ライフスタイルの転換」の試みはかなり荒っぽく、少々のムリを押して進むようなところがありそうです。

でも、その試みはだんだんと功を奏し、2025年なかば以降、とても建設的・生産的な方向に効果が表れ始めます。

2024年後半の「生活を変える」挑戦は、ひとつの入り口です。ある種の試練のようなものかもしれませんし、決意表明のようなことなのかもしれません。ここですぐに効果が出なかったり、うまくいかなかったりしたとしても、2025年なかば以降の発展的な展開にちゃんとつながっていきます。

すぐに「徒労だ」「意味がない」などとあきらめず、自分の信じるところにしたがってとにかく「動いてみる」ことに意義があるタイミングです。

・だれかとの「真剣勝負」

11月から2025年年明け、そして2025年4月なかばから6月なかばにかけて、だれかとの「真剣勝負」に挑むことになるかもしれません。

タフな交渉に臨んだり、大ゲンカしたりする人もいるでしょう。丸く収めようとするよりも、まずはガッチリぶつかってみたほうが、よい着地点を見いだせそうです。

特に年内は、多少関係がこじれるくらいでも心配なさそうです。なぜなら、翌春に再度、ぶつかり合う機会が巡ってくるからです。

すぐに結論を出そうとするのではなく、腰を据えて向き合おうとする姿勢を示すほうが、相手の信頼を得られます。

交渉したり、対立したり、ケンカしたりするときであっても、そこに「信頼」は成立します。

信頼しているからこそ闘う、信頼したいから闘う、という態度を示すことで、意味のある対決が叶います。少しも信頼できない相手とは、「そもそも話さない」「向き合わない」という方向に向かいやすいのです。

この時期の「真剣勝負」には、どんなに激しくぶつかったとしても、その根底になんらかの信頼が結ばれています。

ゆえに、ここで「対決」した相手とは、もしかすると、あとあと長く関わっていくことになるかもしれません。少し時間をおいて2026年ごろに、新しい関係が結ばれることもありそうです。そのとき「この関係の入り口は、2024年の冬だったな」と思い出すことになるはずです。

・長く燃え続ける火

年末、ふしぎな熱い思いが胸に燃え始めるかもしれません。

ここから2043年にかけて、ひとつのことを情熱的に追いかけてゆく人がいるはずです。

また、だれかと衝撃的な出会いを果たし、そこから人生が一変する人もいるでしょう。この人の胸にもまた、熱いものが燃えています。

水瓶座の人々は、あまり「熱さ」を表に出さない傾向があります。ですがこの時期は、だれかとの関わりのなかで、自分のなかに燃え始めた炎をあえて表現せずにいられないかもしれません。

情熱を表に出すことは、悪いことではありません。むしろ、たいていの場合、それをあなただけでなく、周囲の人々も必要としています。

この時期は特に、あなたのなかに何かが燃えているということを、だれかとシェアする必要があります。

それがたとえば、怒りや暴風のような感情の嵐であっても、だれかと分かち合っておくことが必要です。

この時期のあなたの熱い思い、激情は、あなたのためだけのものではありません。太陽が太陽系全体を照らしあたためているように、この時期のあなたのなかに燃えているのは、自分以外のものをもあたためる炎なのです。

２０２５年

・外に出る手段を見つける

２０２５年は、実験的な年です。

あれこれ試しながら外に出て行く年です。

より大きな世界に出るために必要なもの、条件を、一つひとつ集めていけます。

たとえば、就職するためにスキルを身につけるとか、出会いのために身だしなみを整えるようなプロセスが展開します。

師匠に弟子入りしたり、見習いに入ったり、訓練を重ねて「デビュー」を目指したりする人も多いでしょう。

そして何より、これから足を踏み入れたい世界、出て行きたい場所のことを、しっかり知ることができるときと言えます。

「今はまだ人を頼れるけれど、ここを出たら自分の力でやっていかなければならない」。

たとえばそんな危機感が、この時期のあなたの努力を支えているかもしれません。

「今のうちにできるだけしっかり準備をして、この先の長旅に備えよう」という気持ちの人も多そうです。

少し外に出てみて様子を見て、一度引き返して必要なものを取ってくる、といった場面もあるかもしれません。

あるいは、一度選択したものを「やっぱり、違った」と手放し、改めて選び直す、といった展開もあるかもしれません。

何度か「行きつ戻りつ」を繰り返すなかで、行くべき道が見つかるのです。

この時期は「一度だけの選択ですべて決めてしまおう」と思い詰める必要はありません。

何度か選べ直せますし、考え直すこともできます。

その行き来のなかで、とても大切なことを学べます。

ただ立ち止まって考えているだけでは、答えは見つかりません。

トライしてみて、なかに入ってみて、先に進んでみてはじめて、「こうなるのか！」とわかります。

つまり「実験的」なのです。何度も試してみて、答えが見つかります。

・愛の改革の始まり

２０２４年後半から２０２５年6月上旬は「愛と創造の季節」です。

恋に落ちる人、夢中になれるものを見つける人、愛を注げる対象に出会う人が少なくないでしょう。

さらに七夕から、よりスケールの大きな「愛の変革期」に突入します。

ここから２０３３年にかけて、愛を生きることで人生が一変します。あるいは、クリエイティブな活動を通して、生まれ変わるような経験をする人もいるはずです。

たとえばこれまでとても引っ込み思案で、自己主張が苦手だった人が、ここからすばらしいパフォーマーとしての人生を歩み始めることになるかもしれません。

これまで一度も恋をしたことがなく、恋愛に興味もなかった人が、この時期にいきなり恋に落ちて、人生観がまるごと変わってしまう、といったことも起こるかもしれません。

だれかに才能を見いだされ、あれよあれよというまに舞台の真ん中に立ってスポットライトを浴びるようになる、という人もいるかもしれません。

人生になんのおもしろみもなく、夢も希望もない、というシニスムに陥っていた人が、突然人生の目標に出会い、まったく新しい生き方を始める、という展開もあるかもしれません。


これ以降重要なのは、「人からどう評価されるか」ということを度外視するスタンスです。人と比べたり、点数を気にしたりすることを「どうやめるか」が重要なのです。

世の中にあるさまざまな物差しの一切が、ここからの時間では、しばしば無効になります。

相対的な評価が、ここからはあまり意味を持たないのです。

恋愛のかたちも、この時期は少なからず変化します。

冷静さやマナーのよさ、適度な距離感、駆け引きや計算などを、すべて捨ててしまえるような瞬間が巡ってきます。

「男性はこういうときにはこうする」「女性はこのように振る舞う」などの固定観念も、この時期はきれいに無効になるかもしれません。

ケンカをしたことのないカップルが、大ゲンカすることになるかもしれません。

失敗したことのない人が、大失敗するかもしれません。

なんらかのかたちで、安全性の殻が破れ、なかから「生身の人間」が出てきます。

そこから、本物の愛のドラマが展開し始めます。

・後半、「役割を作る」時間へ

年明けから4月なかばにかけて、これまでの役割を一度「壊す」人が多そうです。

自分に期待されていること、引き受けていること、担っていることをゼロから見直し、「本当に自分はこれをやる必要があるのか？」「納得してやっているのか？」という視点に立ち戻れます。

その先、6月中旬から2026年6月にかけて「新しい役割を作る」時間に入ります。

新たな役割を得る人、転職する人、みずから事業を立ち上げる人もいるでしょう。また、身近な人との役割分担をドラスティックに変更し、生活自体をガラッと変える人もいるはずです。

この時期の「変更」では、あなたの身体や心にフィットする条件をしっかりと選び取れます。自分に合った生活の仕方、働き方を創造できるタイミングです。

2025年は1年を通して、生活の改革、働き方改革を進められます。

特に前半は思いきった変革、意を決しての自他との闘いを重ねて、生活を変えられます。

そして後半は、前半までに粗々に切りひらいた場所を整備し、そこに種をまいて、真夏のヒマワリのようにすくすくと「成果」を育てていけます。

前半どのくらい果断に動いたかで、後半以降の繁栄のスケールが変わります。

・経済活動に射し込む光

2023年ごろからの、お金やモノにまつわる悩みが、徐々に軽くなります。具体的な問題を一つひとつ解決し、長期的な安定のレールを敷くことができます。

また、年明けから春にかけては臨時収入が入るなど、純粋に明るい出来事が何度か、起こりそうです。

時間をかけた努力が報われ、状況が好転し始めます。

周囲に対して経済的な責任を引き受けていた人、お金にまつわる重圧を感じていた人は、そのプレッシャーが軽くなっていくでしょう。資金繰りがよくなったり、周囲の人が分担してくれたりするかもしれません。あるいは、あなた自身の経済力が強まってきて、数年前と比べてラクラクと周囲の問題に対処できるようになるのかもしれません。

漠然とした不安を、現実の努力によって消していく人もいるでしょう。たとえば、数年前からの貯金がある程度まとまった額になって、精神的な余裕を取り戻す人もいるかもしれません。

2026年

・出会いの年、発見の年

2026年は、出会いと発見の年です。

2025年に試行錯誤して見つけた道を通って、完全に「外に出る」ことができます。

そこで、新しい発見があり、出会いがあるのです。

2024年はどちらかと言えば「自分の生活」の内側に目が向いていたのが、

2026年には完全に「外の世界」に視線が向かいます。

ここまでに足元がしっかり固まったからこそ、「他者」「外界」「遠方」に目を向けることができるのです。


2023年ごろからの数年は「家族」「身内」「関係者」など、慣れ親しんだ人々とのつながりのなかで生きることがテーマとなっていたかもしれません。

それが、2026年は「ひとりで家から出かけて、外界に身を置く」ような動きが強まります。

たとえば、小中学生のころは家族で出かけ、旅行も家族旅行がメインだったのが、高校生くらいになると友だちと遊びに出かけたり、恋人と旅行したりするようになる、といったイメージです。ひとりで他者とつきあっていく、その流れが生じるのです。

「ひとりで出かける」機会が増えても、家族や身内との紐帯《ちゅうたい》は変わりません。

むしろ、身近な人との信頼関係がしっかりしている人ほど、遠くまで自由に出かけてゆけます。

ここまでに帰るべき場所を作ったからこそ、ここから自由になれるのです。

・前半、生活を変え、人生が変わる

年の前半は、「役割を作る」「生活を変える」時間が続いています。

６月いっぱいまでのなかで、ライフスタイルや生活の動線、住環境、身近な人との役割分担などがしっかりできあがります。

２０２４年後半から転職活動を始め、２０２６年前半にやっと「職場」に根を下ろす、という人もいるはずです。

日常のパターン、ルーティーン、働き方が６月末までに一応の完成を見ます。

生活が変わることで、心身のコンディションがぐっと上向きになります。

健康上の問題を抱えていた人も、このあたりで自分に合った対策、治療法などを見いだせるかもしれません。

この時期の試みには、時間をかけて結果が表れることも多そうです。

たとえば、肩こりや腰痛に悩んでいた人が、ストレッチや軽い運動を習慣化することで、長いあいだの慢性的な悩みから解放される、といったことが起こります。

また、介護を担当し始めたり、ペットの世話を始めたりした結果、生活にリズムが生まれ、飲み過ぎや睡眠不足などの自分自身の健康問題が解消した、といった変化も起こりやすいときです。

こうした変化はじわじわと起こるため、リアルタイムでは自覚しにくいかもしれません。

あとで振り返ってみて「ああ、あのとき選択して続けてきて、本当によかった！」と思えます。

人生は、生活でできています。

「人生」「運命」という言葉は、ある瞬間の衝撃的な出来事を連想させますが、実際にはごくベタな、当たり前の日常の集積でしかありません。

この時期は特に、生活の細々したこと、日常の実感、習慣を一つひとつ、選び取ることで、人生全体を大きく変えられます。

習慣が変わり、体質が変わり、表情が変わり、人間関係が変わり、生きる場が変わり、価値観が変わって、新しい幸福感が生まれます。

変化が変化を呼び、連鎖して、周囲の人々にも影響を与えます。

自分自身が幸福になると、周囲にもその幸福が広がってゆく、とわかります。

・後半、特別な出会いと関わりの時間へ

6月末から2027年7月にかけて、「人間関係とパートナーシップの季節」に入ります。公私ともに人に恵まれる時期です。素敵な出会いがあり、人との関わりを通して成長できるときです。

この時期は、ふしぎな縁が結ばれやすいときでもあります。奇妙な偶然や、「運命」としか思えないような出来事がきっかけで、だれかと「出会うべくして出会う」ことになるかもしれません。

プライベートはもちろんですが、ビジネスパートナーを得る人もいるでしょう。「この人となら、協力してやっていけそうだ！」と思える相手に出会えそうです。

・**時間をかけた旅**

2026年は「旅」の気配も濃厚です。

近間《ちかま》に頻繁に出かける機会もあれば、特に夏以降は大遠征をする人もいるでしょう。

気軽な旅行もさることながら、何か真剣な興味・関心を持ち、使命を抱いて出かけていくことになるようです。

留学や出張、移住など、スケールの大きな遠出が実現します。

この時期の遠出・旅行は、2028年ごろまで続いていく道行きです。

たとえば、ここから2028年ごろにかけて、ある場所に繰り返し出かけていき、その場所と自分のあいだに強い絆を結ぶ、といったプロセスをたどることになるのかもしれません。

通り過ぎてしまう旅ではなく、積み重ねてゆく旅、広げてゆく旅ができるときです。

・力強い学びの始まり

ここから2028年にかけて、じっくり学ぶ機会を得られます。

なんらかのあこがれや理想に向けて、コツコツ知的な努力を積み重ねてゆく人が多いでしょう。

ただ、ここで思い描くあこがれや理想は非常に大きく高いものなので、どんなにがんばってもその理想に手が届かないのではないか、という不安、無力感が、あなたの心をしばしば苛むかもしれません。

あるいは、知的活動にまつわるコンプレックスが強まる気配もあります。教養がない、知識がないということに強い劣等感を抱いたり、何か活動をするにあたっても「自分には理解できないのではないか」「わからなくて恥をかくのではないか」といった不安感が強まったりするかもしれません。

ですが、こうしたネガティブな感情が、やがて粘り強い学びへの強力な動機となります。

ただおびえているだけでなく、「少しずつでも学ぼう」という意志を持てたとき、そこからたしかな学びのプロセスがスタートします。

簡単にできるようなことではなく、少しむずかしいことにトライしたくなるときです。

また、この時期は、少し厳しい「師」を選びたくなるかもしれません。

手取り足取り指導してくれるやさしい先生よりも、叱咤激励してくれる師匠、「自分でやってみなさい」と見守ってくれる先生に魅力を感じることになるかもしれません。

「薫陶《くんとう》を受ける」経験を通して、大きく成長できます。

・新しい才能の世界へ

4月末から2033年ごろにかけて、新しい才能が開花します。

クリエイティブな活動に取り組んでいる人は特に、斬新なアイデア、自由なスタイルで大ブレイクを果たせるかもしれません。

好きなこと、得意なことに思いきって打ち込めます。そしてそれを「表に出す」勇気もわいてきます。

「そうだ、自分は本当は、こんな活動がしたかったんだ！」と思えるようなことに取り組めます。チャンスが巡ってきますし、場に恵まれます。

表現し、主張し、それを他者の目に触れる場所に「出す」ことで、力が磨かれ、さらなる力が引き出されます。

「完璧にできてから、外に出そう」ではなく、自分でも未熟だなと思いつつも、とにかく発表する、人に見せる、打ち出す、というチャレンジができます。

自分のなかだけで完結することなく、スポットライトの当たる場所に「出す・出てゆく」ことで、急成長を遂げられます。

これまで周囲の人に振り回されていた人、まわりの人のために自分を押さえ込んでいた人、自由を奪われていた人も、この時期以降は「自分になる」ことができます。自分自身の人生を取り戻し、謳歌できるときです。

自己犠牲を払うことを美徳としたり、自分らしく生きることに罪悪感を抱いたり、人に遠慮したり、人に支配されたり、といった生き方をしてきた人は、そうした生き方を手放せるかもしれません。

たとえば「人に逆らわなければ叱られない」「人の言うことを聞いていれば失敗しない」「自分で選ばなければ人のせいにできる」「自分さえガマンしていれば責められずにすむ」といった思考法のトラップにとらわれている状況から、この時期勢いよく離脱していく人も少なくないはずです。

批判し、反抗し、抵抗し、闘う精神は、水瓶座の本質に深く刻み込まれています。この時期はだれよりも自分自身のために、そうした姿勢を示し、自由を勝ち取れます。

3

テーマ別の占い

愛について

前述のとおり、この「3年」は「愛の時間」です。

さらに、この3年のなかで「愛の時間」が完結するのではなく、より長い愛のストーリーへと人生が開かれていく時間帯です。

これまで、恋愛がうまくいかず悩んでいた人、パートナーとの関係が思わしくなかった人も、この時期を境に愛し方、愛され方が変わり、愛にまつわる価値観や姿勢が変わって、悪しきパターンの繰り返しから脱出できます。

愛の世界で自分を変え、人生を変えることができるときです。

・パートナーがいる人

２０２４年5月末から２０２５年6月上旬は「愛の季節」です。パートナーとの愛情関係がぐっと深くなるでしょう。

素直に愛情表現できるようになりますし、相手もあなたを大きく受け止めてくれそうです。うれしいことがたくさん起こるでしょう。

倦怠期気味だった人、ふたりの関係に興味を失いかけていた人も、この時期、新鮮な愛の感情がよみがえるかもしれません。ふたりだけの心の結びつきを取り戻すきっかけをつかめます。

さらに２０２５年7月以降、２０３３年ごろにかけて、よりあなたらしい愛の関係を構築するために、さまざまな試みができる時間に入ります。

今まで無理をしていたことに気づく人、押さえ込んでいた思いを外に出す人もいるでしょう。愛のためにしてきたガマンをやめたり、相手が喜んでいると思っていたことが実はそうではなかったとわかって衝撃を受けたり、といった展開もあるかもしれません。

ここでのテーマは「自由と解放」、そして「信頼関係」です。信じ合っているからこそ、たがいが自由に生きられる、そうした愛の関係をここから、一気に「建て直す」作業ができるはずなのです。

2026年6月末から2027年7月は文字どおりの「パートナーシップの季節」です。ふたりの関係がぐっと強まり、たがいを必要としている気持ちをたしかめ合えるでしょう。

特に、ふたりで協力して取り組むべき活動が浮上するかもしれません。タッグを組んでなんらかのミッションに取り組むことになりそうです。

また、この「3年」のなかで、おたがいの役割分担が大きく変わる可能性もあります。

共働きから、相手が専業主夫になってくれるとか、介護や子育てが始まって家事の分担が一変するとか、そんな変化が起こりやすいときなのです。

押しつけ合いや犯人捜しに陥らず、愛を持って話し合いながら、生活を前向きに最適化していけます。

あなたはもともと非常に論理的で合理的な人です。

パートナーとの役割分担などを考える上では、そのロジカルなスタンスはとても役に立ちます。

ただ、それ「だけ」では、関係自体が論理という刃物で解体されてしまう危険もあります。

パートナーシップにおける話し合いでは、そこにかならず、あたたかい情愛が表現されていなければなりません。情愛の表現という土台があってはじめて、論理で切り分けても壊れない話ができます。

水瓶座の人々は、情愛を相手にわかるように表現することが苦手な傾向があります。熱い思いやみずみずしい感情が胸のなかに渦巻いているのに、なぜかそれを「表す」ことが苦手なのです。

でも、この時期は照れや恥ずかしさを超えて、なんとしても情愛をしっかり伝えていく必要があります。

「投げかける」のではなく、相手の手を持ってしっかりその上に乗せるようにして、愛を伝えることが大切なのだと思います。

・恋人、パートナーを探している人

この3年のなかで、かならず「その人」に出会えます。あるいは2027年前半くらいまでかかるかもしれませんが、きっと見つかります。

目標を設定し、みずから行動を起こし、決してあきらめないことです。特に山場となりそうなのは2024年5月末から2025年6月上旬、そして2026年6月末から2027年7月です。

周囲の人々に「パートナーを探している」旨を伝え、紹介を頼むのも一案です。マッチングサービスなども積極的に利用し、現実的なきっかけを探すと、意外なほど簡単に結果が出るかもしれません。

コミュニケーションスタイルを変えたり、ファッションを変えたりと、自分のありようを見つめ直すのも効果がありそうです。

これは、「自分らしくない自分になる」ということではありません。そうではなく、「相手がいるということを考える」ということです。

たとえばキャッチボールでボールを投げるなら、「相手の受け取りやすさ」を考えるものだと思います。それに似て、今まで自分は「相手が取れないボールを投げていなかったか？」と振り返り、修正できる部分を修正していけるのです。

こうした「修正」は、かなりすぐに効果が出ます。まず身近な人の反応が変わり、続いて、出会いのありようが変化し始めます。


また、2025年7月から2033年にかけては、大スケールの「愛の季節」となります。

これまでどちらかと言えば愛に背を向けてきた人、愛についてシニカルな思いを抱いていた人も、2025年なかば以降の数年をかけて、愛というもの自体に対する考え方、感じ方が一変するかもしれません。

さらに、この期間は突発的な出会い、意外性をともなう出会い、意外な人物との出会いが起こりやすくなります。

電撃結婚する人、一般的でないパートナーシップをとる人もいるでしょう。周囲に話したらびっくりされるような恋愛、パートナーシップが生まれる可能性があります。

・片思い中の人

2024年なかばから2025年なかばの「愛の季節」には、片思い状態を脱出したくなるかもしれません。愛のドラマを動かしたいというドライブフォースがかかるのです。

さらに、2024年末以降は、あなた自身の情熱と衝動が熱く燃え上がる気配があるので、「このままの状態」をみずからぶち壊したくなる可能性もあります。

また、2025年7月から2033年は「愛の大変革」の時期です。自分から愛の世界で「革命」を起こすような時間となっています。

ゆえに、片思いの膠着《こうちゃく》状態が保たれる可能性はかなり低いだろうと思います。


片思いは、ひとつの安定的な、スタティックな状態と言えます。自分が傷つくこと、相手に迷惑をかけることを恐れ、殻に閉じこもるような状態です。

その点、この「3年」は、あなたの愛が熱い変革期に入るので、静的な状態が動的な状態へと移行せざるを得なくなります。つまり、片思い状態が持続する確率が低くなるわけです。


2026年6月末から2027年7月は「パートナーシップの季節」です。

この時期にあなたも、片思いの相手か、あるいはもっと別のだれかと、パートナーシップを結ぶことになるかもしれません。

その着地点までは紆余曲折があるかもしれませんが、少なくともこの「3年」が終わるころ、最初と同じ片思い状態にある人は、ごくわずかだろうと思います。

・愛の問題を抱えている人

この「3年」で、根本的な問題解決が叶います。

あるいは、完全に問題が解決するのは2033年ごろなのかもしれません。ですがいずれにせよ、問題を「そのままにしておく」ことは、もはやできないだろうと思います。この時期のあなたの胸には新しい情熱が燃え、愛の改革への衝動がわき起こり、さらに、出会いのチャンスにも恵まれるからです。

2024年後半には「何かが動き出した」という気配を感じられるでしょう。

そして、直面している問題に対して、今までとはまったく違うアプローチをとることができるでしょう。

特に「別れたいのに別れられない」状態にあった人は、2025年7月以降、別れのプロセスに入れます。

この時期あなたの「愛の部屋」に入って2033年まで滞在する天王星は、革命の星であり、衝撃的な出会いの星である一方で、分離・分解の星でもあるからです。衝撃をともなってくっついたり、論理的に切り分けられ、分解したりする動きが生じるのです。

ゆえに、「別れたい」という意志があるならば、別れへのレールを敷くことができます。自律的・主体的にアクションを起こし、論理的・合理的に前進して、自由を勝ち取れます。

水瓶座の人々は、自由に生きることを望んでいます。

水瓶座を支配する星こそが、天王星だからです。

この「3年」からの時間は特に、あなたは愛の世界での自由を強く求めるはずです。

自由に、自立して、主体的に愛すること。

これを実現するために、あなたのいちばん強い力が動き出します。

仕事、勉強、お金について

・「新しい役割を得る」時間

2024年秋から2026年6月にかけて、新しい職場に入る人が少なくないでしょう。異動や昇進、転職、独立などを選択できるときです。

新しくチャレンジしたいことがあって働く場を替えるというよりは、「ライフスタイルを変えるために転職する」「就労条件を変える相談をして、現場が替わる」といった流れになりやすいときです。

特に、過重労働や自分に合わない仕事に就いて心身をむしばまれていた人は、この時期にガツンと根本的な働き方改革を実現できるはずです。

周囲からあなたに寄せられるニーズの内容が変わるかもしれません。

また、「この人のためにひと肌脱ぎたい」「この人を支えたい」といった意識が生まれ、それに沿って働き方を変える人もいそうです。

仕事は、周囲の人々との関係性のなかで成立します。ひとつの仕事はほかの仕事と結びつき、連携し、影響をおよぼし合っています。

この結びつき、関わり合いのかたちが、この時期大きく変わる可能性があります。ポジションが変わり、責任範囲が変わり、果たす役割の内容が深く変わるのです。

これまで、上司が「責任は自分が取るから、自由にやって」と言ってくれていたのが、このあたりから自分自身が「責任は私が取るから、思うとおりにやって」と言う側に回るのかもしれません。

指導される側から指導する側に、管理される側から管理する側にシフトするのかもしれません。

ほめられたい、評価されたいとがんばってきた状態から、部下や後輩をほめ、評価する立場へとステップアップするのかもしれません。

こうした変化を、リアルタイムに自覚できないと、「何かがおかしい」「がんばっているのに成果が出ない」「徒労感が強い」という状態になります。

自分が求められていることの内容の変化に、まずは気づくことがポイントです。

・学びについて

2025年春から2028年ごろにかけて、時間をかけた学びの時間となっています。

2025年に何かキラキラとしたあこがれ、トキメキを感じる出来事があり、そのあこがれに向かってコツコツ勉強を始める、といった展開になるかもしれません。高い理想を目指して学び始める人、仕事や身近な人のケアなどの責任のために学び始める人もいるでしょう。

「手に職をつける」ことに全力で取り組む人もいるはずです。

2028年ごろまでは「勉強」の厳しさを感じる場面も多いかもしれませんが、2028年以降はそこまでに鍛えた力を思う存分使えるようになります。そして、想像していたよりずっと早く、理想に手が届くかもしれません。

2026年6月末から2027年7月は、人から直接学ぶ機会に恵まれそうです。だれかとの出会いが学びのきっかけになったり、だれかが直接、グイグイ導いてくれたりするかもしれません。

また、だれかと「いっしょに勉強する」ことで、気合いが入る気配もあります。

・お金について

2012年ごろ、あるいは2023年ごろから経済的に強い不安を抱えてきた人も少なくないかもしれません。

特に2023年からは、強い危機感を感じたり、何もかもが足りないような気がしてお金のことばかり考えてしまったりしている人もいそうです。

でも、2024年から2025年、あなたはその問題にごく現実的に取り組み、一つひとつの不安を払拭して、2026年2月までにはしっかりとした経済的基盤を整えられるでしょう。

この「3年」であなたが抱く、お金にまつわる悩みは、その8割9割が「妄想」です。

あれこれ考えれば考えるほど不安がふくらみ、悩みが増幅するのです。

ですが現実的に行動を起こしてみると、その悩みがただの幻想にすぎなかった、ということがわかります。

たとえば、貯金は「少しずつ」するもので、始めた当初はなかなか成果を感じられません。ずっと続けていった先でいつのまにか、まとまった額になったのを見て「やってきてよかった！」という達成感に包まれます。

この「3年」の経済的な取り組みは、そうした傾向が非常に強くなっています。

2023年には「対策を始めたけれど、本当にこれでいいのかな？」という不安があったかもしれませんが、2024年から2025年の努力と試行錯誤を経て、2026年には「自分の方針は正しかった！」と納得できるはずです。

家族、居場所について

２０１８年ごろから、家族や居場所を「探し求め」てきた人が多いはずです。すでにある家族との関係を変えようと努力してきた人もいれば、新しい家庭を持つために出会いを探し、住処を探してきた人もいるでしょう。あるいは、家族や身内にとって心地よい居場所を作るために、奮闘を続けてきた人もいるだろうと思います。

こうした模索、奮闘が、２０２６年４月に一段落します。

長い旅、長い試行錯誤の果てに、「ここだ！」と思える居場所を手に入れられるのです。

また、家族との関係が２０１８年以降、疎遠になっていた人もいるかもしれません。家族がバラバラになっていた人、自分だけが家から遠く離れていた人もいそうです。このような状態も、２０２６年春にはなんらかのかたちで終わります。

２０２４年前半までに、また家族で集まるためのきっかけをつかめるかもしれません。

今後の家族のあり方について、ひとつのコンセンサスを結べるかもしれません。「ともにある」ことの意義、価値をたしかめ合えるかもしれません。

２０２４年から２０２５年、家族が増える気配もあります。新しい家族を得て、大きな幸福に包まれるでしょう。

さらに2026年6月末からの1年は、「パートナーシップの年」です。

ここでパートナーを得て新たな家庭を持つ人もいれば、すでにいるパートナーとより強い家族の絆を結ぶ人もいるだろうと思います。

この3年で悩んだときは――主観と情熱を生きる力

この「3年」は、あなたのモットーやいつもの生き方を、裏切るような展開にあふれています。

いつも冷静で、論理的で、知的でありたいと願っているあなたですが、そんな仮面が通用しなくなります。

客観的で、公平で、だれにも分け隔てなく接したいと思っているのに、それができなくなります。

激しい感情に身を任せるとか、だれかに激情をぶつけるとか、表に出て大いに目立つとか、そんなことを「せざるを得なく」なるのです。

自分らしくありたい、というその思いを、みずから裏切ってしまうことが、とてもつらく感じられるかもしれません。

恥ずかしかったり、罪悪感を抱いたり、「これではいけない」と自分を責めてしまったりする場面があるかもしれません。

「昨日は言いすぎました」と謝りに行ったり、ケンカして仲違いした相手と、時間をおいて仲直りしたりすることになるかもしれません。


でも、それは本当に「悪いこと」でしょうか。自分を責めなければならないようなことでしょうか。

もし、この3年のなかであなたがこのような悩みを抱いたら、周囲の人々の表情を、よく見ていただきたいのです。

あなたが激情を発したことに、周囲は怒っているでしょうか。

苛立ったり、あなたを非難したりする人がいるでしょうか。

たぶん、そんなことはないはずなのです。

もしそうした人がいたとしても、それは「少数派」です。


この「3年」のなかで、みんながあなたのパッションを見たがっています。

あなたが主観の上でどう考えているか、知りたがっています。

あなたのエモーショナルな部分に触れ、自分の思いも受け止めてほしいと感じているのです。


たとえば、情熱的なミュージシャンが声をかぎりに歌い踊るパフォーマンスに、オーディエンスは夢中になります。興奮し、自分の思いを引き出され、涙を流すこともあります。

人は人の感情を見たいのです。

他者の思いに触れ、それに触発されて、自分の思いをよりダイレクトに生きたいのです。

芸術はそうした体験をさせてくれるひとつの手段ですが、日常生活のなかでも、私たちはちゃんと感情のやりとりをして、そこに安心や満足や、生きがいを見いだします。

たとえそれが怒号であったとしても、本当は、人間は感情を生きたいし、人の感情を見たいのです。

この「3年」のなかで、あなたが悩んだなら、まずそのことを思い出していただきたいと思います。

泣いたり笑ったり、大きな声を出したり、ときには声が震えたり、膝がガクガクしたりする、そのことは決して、悪いことではありません。

むしろ、ほかの人々に新しい生命力を吹き込むような、とても大切なアクションです。

どこかにある正解や偉人の言葉より、あなた自身の言葉のほうが、ずっと価値があります。ワガママでも、多少乱暴でも、それが「自分自身のもの」であることこそがだいじなのです。

これまで正しいと考えてきたことを、放り出したくなるかもしれません。

これまで守ってあげてきた相手から、手を離したくなるかもしれません。

逆に、周囲に迷惑をかけるとわかっていても、ある活動、あるテーマ、ある人物に全力を注ぎたくなるかもしれません。

こうしたことは、今のあなたにどうしても必要なことなのです。

この傾向はこの「3年」を超えて、さらに強まっていくかもしれませんが、それを極度に恐れたり、自己否定したりする必要はありません。

人間は、リクツだけを生きることはできないのです。

この「3年」のなかで、あなたのなかのサラマンダーを見いだせたなら、まずはその赤いトカゲと、仲良くしてみていただきたいと思います。

その熱量、そのエネルギー、その欲望、その情熱が、ここからしばらく、あなたの人生のテーマとなります。

4

3年間の星の動き

2024年から2026年の星の動き

星占いにおける「星」は、「時計の針」です。

12星座という「時計の文字盤」を、「時計の針」である太陽系の星々、すなわち太陽、月、地球を除く7個の惑星と冥王星（準惑星です）が進んでいくのです。

ふつうの時計に長針や短針、秒針があるように、星の時計の「針」である星たちも、いろいろな速さで進みます。


星の時計でいちばん速く動く針は、月です。月は1カ月弱で、星の時計の文字盤である12星座をひと巡りします。ですから、毎日の占いを読むには大変便利ですが、本書であつかう「3年」といった長い時間を読むには不便です。

年単位の占いをするときまず、注目する星は、木星です。

木星はひとつの星座に1年ほど滞在し、12星座を約12年でまわってくれるので、年間占いをするのには大変便利です。

さらに、ひとつの星座に約2年半滞在する土星も、役に立ちます。土星はおよそ29年ほどで12星座を巡ります。

もっと長い「時代」を読むときには、天王星・海王星・冥王星を持ち出します。

本書の冒頭からお話ししてきた内容は、まさにこれらの星を読んだものですが、本章では、木星・土星・天王星・海王星・冥王星の動きから「どのように星を読んだのか」を解説してみたいと思います。

木星：1年ほど続く「拡大と成長」のテーマ
土星：2年半ほど続く「努力と研鑽」のテーマ
天王星：6〜7年ほどにわたる「自由への改革」のプロセス
海王星：10年以上にわたる「理想と夢、名誉」のあり方
冥王星：さらにロングスパンでの「力、破壊と再生」の体験

２０２４年から２０２６年の「３年」は、実はとても特別な時間となっています。というのも、長期にわたってひとつの星座に滞在する天王星・海王星・冥王星の３星が、そろって次の星座へと進むタイミングだからです。

天王星は２０１８年ごろ、海王星は２０１２年ごろ、冥王星は２００８年ごろ、それぞれ前回の移動を果たしました。この「３年」での移動は、「それ以来」の動きということになります。

たとえば、前々回天王星が牡羊座入りした2011年は東日本大震災が、冥王星が山羊座入りした2008年はリーマン・ショックが起こるなど、長期的な時間を刻む星々が「動く」ときは、世界中が注目するようなビビッドな出来事が起こりやすいというイメージもあります。

もちろん、これは「星の影響で地上にそうした大きな出来事が引き起こされる」ということではなく、ただ私たち人間の「心」が、地上の動きと星の動きのあいだに、そのような象徴的照応を「読み取ってしまう」ということなのだと思います。

とはいえ、私がこの稿を執筆している2022年の終わりは、世界中が戦争の緊張に心を奪われ、多くの国がナショナリズム的方向性を選択しつつある流れのなかにあります。また、洪水や干ばつ、広範囲の山火事を引き起こす異常気象に、世界の多くのエリアが震撼する状況が、静かにエスカレートしている、という気配も感じられます。

この先、世界が変わるような転機が訪れるとして、それはどんなものになるのか。

具体的に「予言」するようなことは、私にはとてもできませんが、長期的な「時代」を司《つかさど》る星々が象徴する世界観と、その動きのイメージを、簡単にではありますが以下に、ご紹介したいと思います。

ちなみに、「3年」を考える上でもっとも便利な単位のサイクルを刻む木星と土星については、巻末に図を掲載しました。過去と未来を約12年単位、あるいは約30年スパンで見渡したいようなとき、この図がご参考になるはずです。

・海王星と土星のランデヴー

2023年から土星が魚座に入り、海王星と同座しています。2星はこのままよりそうようにして、2025年に牡羊座に足を踏み入れ、一度魚座にそろって戻ったあと、2026年2月には牡羊座への移動を完了します。

魚座は海王星の「自宅」であり、とても強い状態となっています。海王星は20

１２年ごろからここに滞在していたため、２０２５年は「魚座海王星時代、終幕の年」と位置づけられるのです。

水瓶座から見て、魚座は「お金、所有、獲得、経済活動、ゆたかさ、実力」などを象徴する場所です。

２０２３年ごろから、経済活動における心配事、悩みが増えてきているかもしれません。

ですがそれは、２０１２年ごろからの漠然とした「未来への不安」に、ごく具体的・現実的に対処しようとして動き出したゆえの、あくまでリアルな悩みであるはずです。

２０２３年からのあなたのお金やモノに関する悩みは、「漠然とした未来への不安」を解消するための悩みであり、悩むべき悩み、建設的な悩みなのです。

行動しているがゆえの悩みは、行動によって解決に向かいます。

遅くとも2026年頭には、2012年ごろからの不安も含め、すべて解決しているはずです。

2025年から2026年頭にかけて、土星と海王星は水瓶座にとっての「コミュニケーション、学び、移動、兄弟姉妹、地域コミュニティ、短い旅」の場所へと歩を進めます。

これ以降、非常に真剣な向学心がわいてきそうです。時間をかけてコツコツ学び、力強い知を身につけられます。

また、この時期から自分のコミュニケーションスタイルに疑問を感じ始める人もいるかもしれません。

話し方が変わったり、身近な人との接し方に変化が生じます。

たとえば、これまで身近な人に「言わなくてもわかってくれているはず」「察して欲しい」などと思っていたことを、はっきり言葉に出すように意識し始める人もいるでしょう。

相手にわかるように話す工夫をしたり、「聴く」ことに意識を向けたりと、対話の技術を磨く人が少なくないはずです。

兄弟姉妹や親族、近所の人々など、生活のなかで密接に関わる相手との距離感が変化し始めます。

相手に対して引き受ける責任が重みを増したり、自分がリーダー的な立場に立ったりすることになるかもしれません。

幼いころからの経験において、深い傷を負っている人は、その傷と深く向き合う機会を得られるかもしれません。

過去をたどり、自分自身と語り合うプロセスが、現実のなかで「移動する」「旅する」行程と重なり合う瞬間もあるでしょう。

・木星と天王星、発展と成長のルート

成長と拡大と幸福の星・木星は、この3年をかけて、牡牛座から獅子座までを移動します。

特徴的なのは、この時期天王星も、木星を追いかけるようにして牡牛座から双子座へと移動する点です。天王星が牡牛座入りしたのは2018年ごろ、2024年に入る段階では、木星とこの天王星が牡牛座で同座しています。2025年、木星は6月上旬まで双子座に滞在します。追って7月7日、天王星が双子座へと入宮するのです。

天王星と木星の共通点は、両者が自由の星であり、「ここではない、どこか」へと移動していく星であるということです。何か新しいものや広い世界を求めて、楽

天的にどんどん移動していこう、変えていこうとするのが2星に共通する傾向です。

2星には違いもあります。

木星は拡大と成長の星で、膨張の星でもあります。物事をふくらませ、袋のようにぽんぽんいろんなものをなかに入れていくことができる、ゆたかさの星です。一方の天王星は、「分離・分解」をあつかいます。「改革」の星でもある天王星は、古いものや余計なものを切り離していく力を象徴するのです。天王星が「離れる」星なら、木星は「容れる」星です。

2024年前半、木星と天王星は水瓶座から見て「居場所、家族、ルーツ、住環境」をあつかう場所に同座しています。

2023年なかばから2024年前半にかけて、新しい居場所を得る人が多そうです。新居をかまえる人、家庭を持つ人、子どもや親族の世話を始める人もいるかもしれません。

特に2018年ごろから「新しい居場所の模索」「より自由に生きるための生活の場の創造」を続けてきた人は、このあたりで「ここだ！」と思える場が完成するかもしれません。帰るべき場所に「たどり着く」ような時間です。

2024年なかばから2025年なかば、木星は「恋愛、好きなこと、趣味、子ども、クリエイティブな活動、才能、遊び、ペット」へと移動します。すばらしい「愛の季節」です。

愛するものが増えるときで、とても幸福な時間をすごせるでしょう。

さらに、2025年夏以降、よりダイナミックな愛の時間が始まります。ここから約7年ほどをかけて、人生のすべてを注ぎ込めるような、大スケールの愛を生きることになるはずです。

クリエイティブな活動に取り組んでいる人には、2024年なかばから2033

年ごろにまたがって、大成功・大ブレイクを果たせる時間となっています。才能と個性が真夏の太陽のように輝きます。

２０２５年なかば、木星はあなたにとって「就労条件、日常生活、習慣、訓練、義務、責任、役割、健康状態」の場所に移動します。

ここから２０２６年なかばにかけて、新しい仕事に就く人が少なくないでしょう。働き方が変わり、生活のあり方が変わります。生活習慣の変化が人生全体を変えてゆくときです。

人から必要とされる喜びを感じられるときでもあります。

一方、自分自身のニーズを満たすため、周囲の人の手を借りる人もいるでしょう。なんらかのかたちで助け合いが起こるのですが、この助け合いは「ギブ・アンド・テイク」のような双方向のものではありません。

少なくとも短期的には、どちらかがどちらかのために「献身」する動きが生じるはずです。

大切なのはその場で負担を精算することではなく、心のなかに純粋なやさしさや恩義を抱ききる、ということなのだと思います。徹底的に助け、あるいは助けられたときに、はじめてわかることがあるのです。

さらに2026年なかばから2027年なかば、木星は「パートナーシップ、人間関係、交渉、対立、契約、結婚」の場所に入ります。

公私ともにすばらしい人間関係に恵まれます。

パートナーに出会う人、結婚する人も少なくないでしょう。ビジネスパートナーを得る人もいるはずです。

さらに、ケンカしていた相手と仲直りする人もいれば、重要な契約を交わす人もいそうです。

「他者」と一対一で向き合い、新しい関係を結べる時間です。

・冥王星の移動

２０２４年11月、冥王星が山羊座から水瓶座への移動を完了します。この移動は２０２３年３月から始まっており、逆行、順行を繰り返して、やっと２０２４年に「水瓶座へ入りきる」ことになるのです。冥王星が山羊座入りしたのは２００８年、前述のとおりリーマン・ショックが起こったタイミングでした。

冥王星は「隠された大きな財、地中の黄金、大きな支配力、欲望、破壊と再生、生命力」等を象徴する星とされます。この星が位置する場所の担うテーマは、私たちを否応ない力で惹きつけ、支配し、振り回し、絶大なるエネルギーを引き出させたあと、不可逆な人間的変容を遂げさせて、その後静かに収束します。

２００８年から冥王星が位置していた山羊座は、水瓶座から見て「救い、犠牲、救済、秘密、過去、隠棲、未知の世界」などを象徴する場所です。

2008年から2023年に至るまで、あなたは第三者には見えないところで「再生」のプロセスをたどってきたのではないでしょうか。

一度過去のすべてをリリースし、自分の心をゼロから立て直してゆくような道を歩いてきた人も少なくないはずです。

過去の出来事は変えられませんが、解釈や位置づけを変えることは可能です。また、過去にまつわる人間関係や事物との関係性も、変更することはできます。

2008年からこの方、過去にまつわる結びつきや物語を、徹底的に破壊してきた人もいるかもしれません。

あるいはそれらを一度、洞窟のような場所に「封印」し、その上で新しい人生の模索をしてきた人もいるのではないかと思います。

過去の物語を塗り替え、現在の努力で「上書き」するような試みをした人もいそうです。

２０２４年、冥王星が移動していく先は、あなた自身の星座、水瓶座です。「アイデンティティ、自分自身、スタートライン、身体、第一印象、健康」などに、大きな変化が起こり始めます。

過去はもはや、あなたの格闘の対象ではなくなっています。

今現在の自分に新しい力を見いだし、その力を増幅するような道のりが始まります。

冥王星は生命力と深い欲望の星です。

冥王星が自分の星座に入ると、それまで「絶対視」していたことが相対化されます。その一方で、自分が本当に願い、欲していたものがなんなのかが、むきだしになります。

ここから2043年ごろにまたがって、あなたは自分が本当はどう生きたいのか、その根源的な欲を悟るでしょう。

そして、その欲を満たすために、万難を排して闘い始めるはずです。

その闘いのプロセスが、あなたを生まれ変わらせます。

サラマンダーの「再生」の時間です。

5

水瓶座の世界

水瓶座について

水瓶座の神話は、とてもシンプルです。

トロース王の息子である美青年ガニュメデスを見初めた大神ゼウスが、鷲に姿を変えて彼を連れ去り、天界の酌人とした、というお話です。

このストーリーにはさまざまな象徴的要素が読み取れる、と言われます。特に、ゼウスの変身した姿と言われる「鷲」は、光と生命力の象徴であり、もの皆死に絶えたように見える真冬の世界に、新しい生命力が吹き込まれることの暗喩だという見方があるそうです。

水瓶座が太陽を迎える時期は1月末から2月、1年でもっとも寒い時期です。ですが太陽の光で刻む暦の上では、12月の冬至を境に、すでに日が長くなり始めています。
光の時間においては、春の息吹が吹き込まれつつあるのがこの、水瓶座の太陽の季節なのです。

水瓶座はもっと古いメソポタミア文明の灌漑《かんがい》技術を象徴していたと言われます。酷寒の冬も、水のない乾期も、古来人類が直面してきた大自然の脅威です。人間は集団を作り、技術を駆使してそうした自然の脅威と闘い、生き延びてきました。

山羊座と水瓶座は冬の星座で、両者を支配するのは土星です。
土星は制限や抑制、厳しさ、ルール、伝統、宿命、時間、権威などを象徴する、冷たく重い星です。

人間が集団になって自然の厳しさに対抗するには、権威によってしっかりとまとまり、それぞれが責任と義務を重んじ、時間をかけてコツコツ努力することを引き受けるしかありません。

さらに、土星は粘り強さ、継続性の星でもあります。

失敗してもあきらめず、大切なものを守り続ける、支え続ける強さが、土星の象徴する世界観です。

水瓶座は厳しく強い星座です。ですが同時に、近く訪れる春への希望にあふれる星座でもあります。

さらにこの希望は、春という季節のように、「天から自然にもたらされるもの」だけではありません。

乾いた土地に汗を流して水路を引くような、自力の抵抗によって勝ち取られた希望でもあるのです。

水瓶座は新技術の星座であり、連隊の星座であり、友情と希望の星座です。人間が集まって知恵を出し合い、たがいに信頼を結びながらよりよい未来を勝ち取ろうとする、その努力の星座です。

ひとつ手前の山羊座は、古いルールをしっかりと守ろうとする星座です。一方の水瓶座は、非合理な古いルールを破壊して、新しいルールを創造しようとする星座です。

非常に対照的な2星座ですが、どちらも同じ土星に支配されています。

ルールはすべて、人間の知恵によって作られたものです。

ルールは固く守られなければなりませんが、それは、みんなでルールを作ったからです。

そして、ルールが時代に合わなくなれば、またみんなでルールを作り直さなければならないのです。

山羊座は「上半身が山羊、下半身が魚」の「山羊魚」というふしぎな生き物で描かれることがあります。

この「魚」の下半身は、とぐろを巻いている、とも言われます。

ゆえに「魚」のほかに「蛇」であると説明されることもあるのです。

山羊座の蛇は古来、冬を象徴し、みずがめ座のすぐ脇にある、ガニュメデスをさらったわし座の「鷲」は、光の春を象徴するという説があります。

蛇と鷲は、鷲が蛇をとらえるところから、「対義語」のような関係を持っています。

山羊座の「蛇」を克服する水瓶座の「鷲」、このあざやかな「交代劇」が、水瓶座の人々の持つ批判精神や反抗心を象徴しているようにも思われます。

水瓶座は暗い時間を克服し、明るい時間を再生しようとする力そのものを担っているのです。

冬のあいだ、人々は家のなかに閉じこもります。寒さから身を守るためです。城塞のなかに集まって外敵から身を守ろうとすると、いつかその世界のなかだけに心までもが閉じ込められます。

「組織の論理」「タコツボ化」「井の中の蛙大海を知らず」、最近で言えば「エコーチェンバー現象」など、人間集団が内側に閉じたがゆえに世界観が凝り固まってしまう現象を語る言葉は、古来、たくさんあります。

水瓶座はそんな「閉じた世界観」を外側に開く力を備えた星座です。

水瓶座の人々は「宇宙」という言葉を好む傾向があります。

「その話は、宇宙から見ればどのように語れるだろう？」という座標軸を常に、胸に抱いているのです。

外部から見ればナンセンスなリクツが、ある集団の内部では金科玉条のようにあつかわれていることがあります。

社会常識に照らして明らかにおかしな校則が、当然のようにまかり通っている学校があります。

水瓶座はそうした「ナンセンス」を、いつも発見し、暴こうとしているのです。それが伝統であろうが、常識であろうが、非合理は非合理であり、不正義は不正義なのです。

水瓶座の人々はそうしたまなざしを、どんな事象にも向けることができます。水瓶座が常に「新しい次代を担う星座」であるというのは、つまりそういうことなのです。

水瓶座の人々は、いつも外側から、未来の側から物事をとらえようとします。ゆえに「今現在」「自分自身」の場所からものを見たり、主張したりするのは少し、苦手です。

客観視を重んじるあまり、自分の気持ちを見失ってしまう人がいます。公平さやオープンネスを重んじるあまり、大切な人の気持ちがわからなくなってしまう人がいます。

「個人的であること」は、水瓶座の人々にとって、いつも大きな課題です。


水は、星占いの世界では「感情」を象徴します。

風の星座である水瓶座において、感情はなじみにくいものと言えます。

でも、「水瓶」の字義のごとく、瓶のなかには水が入っています。

神話のなかでは神酒（ネクタル）となったり、より古い星座絵では水となっていたりしますが、とにかくそれは液体であり、心のなかに波打つ感情と無関係ではありません。

固い容器に入れられた感情はしっかりと内部に守られていますが、常にそれを「注ぎかける対象」「注ぎ込むグラス」を必要としています。

　自分のなかにも泡立ち波立つ感情が存在する、ということを肯定できたときこそ、水瓶座の人々の本性である理性と知性は、真の命を得て他者を潤すことになるのです。

おわりに

これでシリーズ4作目となりました「3年の星占い」、お手にとってくださって誠にありがとうございます。

これまで毎回、冒頭にショートショートを書いてきたのですが、今回はあえて小説の形式をやめ、「象徴の風景」を描いてみました。

というのも、2024年から2026年は長い時間を司る星々が相次いで動く、特別な時間だったからです。天王星、海王星、冥王星の象徴する世界観は、無意識や変革、再生といった、かなり抽象的なテーマを担っています。日常語ではとらえにくいことをたくさん書くことになるので、思いきって「シンボル」自体にダイレクトに立ち返ってみよう、と思った次第です。

もとい、これまでの冒頭のショートショートにも、たくさんの象徴的隠喩を仕込んできました。あの短い小説のなかに、「3年」のエッセンスをぎゅっと詰め込む工夫をするのは、毎回、私の大きな楽しみでした。ただ、あのような「匂わせ」のかたちでは、今度の「3年」の大きさ、力強さが表しにくいと思ったのです。

「花言葉」が生まれたのは、直接思いを言葉にすることがマナー違反とされた時代だったそうです。心に秘めた思いを花に託して、人々はメッセージを伝えようとしたのです。「あなたを愛しています」と伝えるために、真っ赤なバラを贈るしかなかった世の中では、すべてのものがメッセージに見えていたのかもしれません。赤いバラを手渡して、相手に愛を理解してもらおうとするのは、「隠喩」「アナロジー」の原点だろうと思います。

当たるか当たらないかにかかわらず、「水瓶座の人に、向こう3年、何が起こるか」ということを個別具体的に書くことはほぼ、不可能です。というのも、「水瓶座の人」といっても十人十色、本当にさまざまな立場、状況があるはずだからです。可能性のあるすべての出来事を箇条書きにするようなことができなくはないかもしれませんが、それでは、なんのことだかかえってわからなくなってしまいます。ゆえに、こうした占いの記事は「隠喩」でいっぱいにならざるを得ません。

かのノストラダムスも、直接的な表現はほとんどしていません。彼は詩で占いを書き、後世の人々がその隠喩をさまざまに「解読」しようとしました。本書のような生活に根ざした「実用書」であっても、読み手側のすることはほとんど変わらないように思えます。すなわち、自分に起こりそうな出来事、すでに起こっている出来事と占いを照らし合わせ、そのシンボリズムを解読、デコードしていくのです。

ゆえに占いは、どんなに現実的なものであっても、「謎解き」の部分を含んでいて、神秘的です。そこには、解読されるべき秘密があるのです。

そして私たちの心にもまた、それぞれに自分だけの秘密があります。だれもがスマートフォンでSNSに接続し、どんなことでもテキストや動画で伝え合って「共有」している世の中では、まるで秘密などないようにあつかわれています。ですがそれでも、私たちの心にはまだ、だれにも打ち明けられない秘密があり、内緒話があり、まだ解かれない謎があります。

だれかに語った瞬間に特別なきらめきを失ってしまう夢もあります。だれの胸にもそんな、大切に守られなければならない秘密や夢があり、その秘密や夢を、希望といううっすらとした靄《もや》がくるみこんでいるのだと思います。

これだけ科学技術が発達してもなお、占いは私たちの「心の秘密」の味方です。本書が、この3年を生きるあなたにとって、ときどき大切な秘密について語り合えるささやかな友となれば、と願っています。

太陽星座早見表
（1930 ～ 2027年／日本時間）

太陽が水瓶座に入る時刻を下記の表にまとめました。
この時間以前は山羊座、この時間以後は魚座ということになります。

生まれた年	期間
1954	1/20 23:11 ～ 2/19 13:31
1955	1/21 5:02 ～ 2/19 19:18
1956	1/21 10:48 ～ 2/20 1:04
1957	1/20 16:39 ～ 2/19 6:57
1958	1/20 22:28 ～ 2/19 12:47
1959	1/21 4:19 ～ 2/19 18:37
1960	1/21 10:10 ～ 2/20 0:25
1961	1/20 16:01 ～ 2/19 6:15
1962	1/20 21:58 ～ 2/19 12:14
1963	1/21 3:54 ～ 2/19 18:08
1964	1/21 9:41 ～ 2/19 23:56
1965	1/20 15:29 ～ 2/19 5:47
1966	1/20 21:20 ～ 2/19 11:37
1967	1/21 3:08 ～ 2/19 17:23
1968	1/21 8:54 ～ 2/19 23:08
1969	1/20 14:38 ～ 2/19 4:54
1970	1/20 20:24 ～ 2/19 10:41
1971	1/21 2:13 ～ 2/19 16:26
1972	1/21 7:59 ～ 2/19 22:10
1973	1/20 13:48 ～ 2/19 4:00
1974	1/20 19:46 ～ 2/19 9:58
1975	1/21 1:36 ～ 2/19 15:49
1976	1/21 7:25 ～ 2/19 21:39
1977	1/20 13:14 ～ 2/19 3:29

生まれた年	期間
1930	1/21 3:33 ～ 2/19 17:59
1931	1/21 9:18 ～ 2/19 23:39
1932	1/21 15:07 ～ 2/20 5:27
1933	1/20 20:53 ～ 2/19 11:15
1934	1/21 2:37 ～ 2/19 17:01
1935	1/21 8:28 ～ 2/19 22:51
1936	1/21 14:12 ～ 2/20 4:32
1937	1/20 20:01 ～ 2/19 10:20
1938	1/21 1:59 ～ 2/19 16:19
1939	1/21 7:51 ～ 2/19 22:08
1940	1/21 13:44 ～ 2/20 4:03
1941	1/20 19:34 ～ 2/19 9:55
1942	1/21 1:24 ～ 2/19 15:46
1943	1/21 7:19 ～ 2/19 21:39
1944	1/21 13:07 ～ 2/20 3:26
1945	1/20 18:54 ～ 2/19 9:14
1946	1/21 0:45 ～ 2/19 15:08
1947	1/21 6:32 ～ 2/19 20:51
1948	1/21 12:18 ～ 2/20 2:36
1949	1/20 18:09 ～ 2/19 8:26
1950	1/20 24:00 ～ 2/19 14:17
1951	1/21 5:52 ～ 2/19 20:09
1952	1/21 11:38 ～ 2/20 1:56
1953	1/20 17:21 ～ 2/19 7:40

生まれた年	期　　間
2003	1/20 20:54 ～ 2/19 11:00
2004	1/21 2:43 ～ 2/19 16:50
2005	1/20 8:23 ～ 2/18 22:32
2006	1/20 14:16 ～ 2/19 4:26
2007	1/20 20:02 ～ 2/19 10:09
2008	1/21 1:45 ～ 2/19 15:50
2009	1/20 7:41 ～ 2/18 21:46
2010	1/20 13:29 ～ 2/19 3:36
2011	1/20 19:20 ～ 2/19 9:25
2012	1/21 1:11 ～ 2/19 15:18
2013	1/20 6:53 ～ 2/18 21:02
2014	1/20 12:52 ～ 2/19 3:00
2015	1/20 18:44 ～ 2/19 8:50
2016	1/21 0:28 ～ 2/19 14:34
2017	1/20 6:25 ～ 2/18 20:31
2018	1/20 12:10 ～ 2/19 2:18
2019	1/20 18:01 ～ 2/19 8:04
2020	1/20 23:56 ～ 2/19 13:57
2021	1/20 5:41 ～ 2/18 19:44
2022	1/20 11:40 ～ 2/19 1:43
2023	1/20 17:31 ～ 2/19 7:34
2024	1/20 23:08 ～ 2/19 13:13
2025	1/20 5:01 ～ 2/18 19:07
2026	1/20 10:46 ～ 2/19 0:52
2027	1/20 16:31 ～ 2/19 6:34

生まれた年	期　　間
1978	1/20 19:04 ～ 2/19 9:20
1979	1/21 1:00 ～ 2/19 15:12
1980	1/21 6:49 ～ 2/19 21:01
1981	1/20 12:36 ～ 2/19 2:51
1982	1/20 18:31 ～ 2/19 8:46
1983	1/21 0:17 ～ 2/19 14:30
1984	1/21 6:05 ～ 2/19 20:15
1985	1/20 11:58 ～ 2/19 2:06
1986	1/20 17:46 ～ 2/19 7:57
1987	1/20 23:40 ～ 2/19 13:49
1988	1/21 5:24 ～ 2/19 19:34
1989	1/20 11:07 ～ 2/19 1:20
1990	1/20 17:02 ～ 2/19 7:13
1991	1/20 22:47 ～ 2/19 12:57
1992	1/21 4:32 ～ 2/19 18:42
1993	1/20 10:23 ～ 2/19 0:34
1994	1/20 16:07 ～ 2/19 6:21
1995	1/20 22:00 ～ 2/19 12:10
1996	1/21 3:52 ～ 2/19 18:00
1997	1/20 9:42 ～ 2/18 23:50
1998	1/20 15:46 ～ 2/19 5:54
1999	1/20 21:37 ～ 2/19 11:46
2000	1/21 3:23 ～ 2/19 17:32
2001	1/20 9:17 ～ 2/18 23:27
2002	1/20 15:03 ～ 2/19 5:13

石井ゆかり（いしい・ゆかり）

ライター。星占いの記事やエッセイなどを執筆。情緒のある文体と独自の解釈により従来の「占い本」の常識を覆す。120万部を超えた「12星座シリーズ」のほか、多くのベストセラー&ロングセラーがある。『月で読む あしたの星占い』『新装版 12星座』（すみれ書房）、『星占い的思考』（講談社）、『禅語』『青い鳥の本』（パイインターナショナル）、『星ダイアリー』（幻冬舎コミックス）ほか著書多数。

LINEや公式Webサイト、Instagram、Threads等で毎日・毎週・毎年の占いを無料配信中。

公式サイト「石井ゆかりの星読み」https://star.cocoloni.jp/

インスタグラム @ishiiyukari_inst

[参考文献]

『完全版 日本占星天文暦 1900年〜2010年』
魔女の家BOOKS　アストロ・コミュニケーション・サービス

『増補版 21世紀占星天文暦』
魔女の家BOOKS　ニール・F・マイケルセン

『Solar Fire Ver.9』（ソフトウエア）
Esotech Technologies Pty Ltd.

[本書で使った紙]

本文　アルトクリームマックス
口絵　OK ミューズガリバーアール COC ナチュラル
表紙　バルキーボール白
カバー　ジェラード GA プラチナホワイト
折込図表　タント L-66

すみれ書房
石井ゆかりの本

新装版 12星座

定価 本体1600円+税
ISBN978-4-909957-27-6

生まれ持った性質《しくみ》の、深いところまでわかる、星占い本のロングセラー。

星座と星座のつながりを、物語のように読み解く本。
牡羊座からスタートして、牡牛座、双子座、蟹座……魚座で終わる物語は、読みだしたら止まらないおもしろさ。各星座の「性質」の解説は、自分と大切な人を理解する手掛かりになる。仕事で悩んだとき、自分を見失いそうになるとき、恋をしたとき、だれかをもっと知りたいとき。人生のなかで何度も読み返したくなる「読むお守り」。

イラスト:史緒　ブックデザイン:しまりすデザインセンター

3年の星占い　水瓶座
2024年-2026年

2023年11月20日第1版第1刷発行
2024年10月17日　　　第4刷発行

著者
石井ゆかり

発行者
樋口裕二

発行所
すみれ書房株式会社
〒151-0071　東京都渋谷区本町6-9-15
https://sumire-shobo.com/
info@sumire-shobo.com〔お問い合わせ〕

印刷・製本
中央精版印刷株式会社

ISBN978-4-909957-39-9　Printed in Japan
NDC590　159p　15cm